AF229795

LA COMMISSION

PRÉSIDÉE

Par M. le duc de Broglie,

ET LES

GOUVERNEURS DE NOS COLONIES

THÉORIE ET PRATIQUE,

PAR

M. JOLLIVET,

MEMBRE DE LA CHAMBRE DES DÉPUTÉS, DÉLÉGUÉ DE LA MARTINIQUE.

PARIS,

IMPRIMERIE DE BOULÉ ET Cᵉ, RUE COQ-HÉRON, 3.

1843

PRÉFACE.

J'ai publié une analyse des délibérations et Avis des Conseils coloniaux et des Conseils spéciaux sur les projets d'émancipation de la Commission présidée par M. le duc de Broglie.

Pour compléter ce travail, je publie et j'oppose aux opinions de MM. le duc de Broglie, comte de Sade, de Toqueville, de Tracy, Passy et Rossi, les opinions de MM. de Mackau et Jubelin, anciens gouverneurs de la Martinique et de la Guadeloupe, de MM. Duval d'Ailly, Bazoche et Layrle, gouverneurs actuels de la Martinique, de Bourbon et de la Guyane française.

D'un côté, système et théorie ; de l'autre côté, expérience et pratique :

Le Gouvernement et les Chambres opteront.

LA COMMISSION

PRÉSIDÉE PAR M. LE DUC DE BROGLIE,

ET LES

GOUVERNEURS DE NOS COLONIES

OPINION

DE

M. LE VICE-AMIRAL DE MACKAU,

MINISTRE DE LA MARINE ET DES COLONIES,
ANCIEN GOUVERNEUR DE LA MARTINIQUE, MEMBRE DE LA COMMISSION DES
AFFAIRES COLONIALES.

Dans la séance du 8 février 1841, M. le vice-amiral de Mackau disait :

« Il ne faut pas perdre de vue que, sous le rapport des préparations de toutes sortes et des moyens d'action du gouvernement, la Jamaïque, quoique la moins avancée de toutes les îles anglaises, était encore fort au delà de ce que sont nos possessions en ce moment (1).

Dans la séance du 7 février 1842, répondant à M. *Passy*, *M. le vice-amiral de Mackau* insiste pour qu'on ne perde pas de vue la différence capitale qui existe entre les noirs des

---

(1) Procès-verbaux de la Commission, 2ᵉ partie, pag. 86.

colonies anglaises, tels qu'ils étaient au moment de l'émancipation, et les noirs des possessions françaises. Ces derniers, il faut le dire, ne sont guère plus avancés, sous le rapport moral et intellectuel, que ne l'étaient les noirs anglais à l'époque où Wilberforce commença à s'élever contre l'esclavage.

On sait quels efforts intelligens ont été faits depuis lors par l'Angleterre pour instruire et civiliser la population esclave; on sait quel concours puissant le gouvernement anglais a trouvé, à cet égard, dans l'esprit religieux de la métropole et dans l'influence du clergé, ainsi que des sectes dissidentes. Rien de semblable n'a été fait jusqu'à ces derniers temps pour nos colonies; et pour quiconque les a vues récemment, la population noire est si peu préparée à passer sans transition de l'esclavage à la liberté, que non seulement il n'y aurait aucune chance d'obtenir les résultats approchant de ceux qui ont suivi la libération des noirs anglais, mais *qu'il faudrait nécessairement s'attendre à des dangers, à des troubles, à des perturbations incalculables,* pour ce qui concerne, par exemple, le travail des affranchis, il n'est pas douteux qu'il ne se réduisît immédiatement à la proportion des besoins du noir pour sa nourriture et son entretien; et l'on sait qu'il y suffit avec l'emploi d'un jour sur sept. Il faudrait donc s'attendre à voir profondément altérée la principale condition de la production des denrées coloniales, et particulièrement du sucre. Par la même raison, la consommation des marchandises manufacturières irait en décroissant, *et le système général du commerce entre la France et les colonies se trouverait entièrement bouleversé* (1).

Dans la séance du 24 février 1842, *M. le vice-amiral de Mackau* déclare qu'il ne peut pas avoir entendu, sur la question de la préparation des noirs, une opinion telle que vient de manifester *M. de Tracy*, sans y faire une dernière et courte réponse. D'après M. de Tracy, ce ne serait plus seulement à égalité de condition que se trouveraient, sous ce rapport, les colons

____

(1) Procès-verbaux, 3e partie, pag. 19.

anglais et français; il y aurait même avantage en faveur de ces derniers. *M. de Mackau* éprouve le besoin de déclarer de nouveau que la manière de voir, diamétralement opposée, est seule conforme à la vérité. Oui, il est vrai, il est incontestable, pour quiconque a pu vérifier les choses par ses propres yeux, que, depuis vingt ans, les noirs anglais ont dû à l'influence de l'enseignement religieux d'énormes progrès en intelligence et en moralité. On parle de doctrines dangereuses qui se mêlaient aux exhortations des prédicateurs; à peine peut-on admettre que cet inconvénient se soit parfois manifesté à la Jamaïque; mais pris en masse, l'enseignement des missionnaires, surtout celui des Moraves et des Wésleyens, ne portait dans l'esprit des populations que des pensées d'ordre et de soumission. C'est en leur prêchant la doctrine du bonheur dans le devoir; en leur répétant sans cesse que, quoique esclaves, ils pouvaient être heureux en vivant dans la religion; en leur montrant dans les joies de la famille et dans la vie future la consolation de leurs maux, que les congrégations enseignantes ont exercé sur les noirs une influence si salutaire, et dont on a recueilli les fruits au jour de l'émancipation. Et qu'on se le persuade bien, ce n'est pas malgré l'esclavage que ces résultats ont été obtenus, mais c'est en grande partie à cause de ce régime, et de la faculté qu'il donnait aux maîtres d'envoyer leurs noirs au prêche, quand ils auraient été disposés à employer leurs dimanches dans la dissipation. C'est à force d'entendre répéter chaque jour de si excellentes maximes, que l'esclave, d'abord rebelle à la parole du prêtre, en est venu à l'écouter avec recueillement, et à finir par le comprendre et par s'éclairer.

Rien de semblable n'a existé jusqu'à présent dans nos colonies : il faut le déplorer, sans doute, mais non s'aveugler sur l'énorme différence qui existe, sous ce rapport, entre leur situation et celle des possessions britaniques. *Ce serait tromper le pays que de l'induire à croire à une similitude de préparation, sur l'illusion de laquelle des faits funestes ne tarderaient pas à l'éclairer* (1).

____

(1) Procès-verbaux, 3ᵉ partie, pages 88 et 89.

Dans la séance du 7 février 1842, **M. *le duc de Broglie*** ayant présenté sous un jour favorable les résultats de l'émancipation anglaise, **M.** *le vice-amiral de Mackau* a répondu : « Qu'il se croyait fondé à les contredire par sa connaissance personnelle de la situation déplorable de plusieurs planteurs anglais, notamment d'habitans de Demerary qui, loin de tirer aujourd'hui le moindre revenu de leurs propriétés, sont dans la nécessité d'envoyer d'Europe des fonds pour combler le déficit résultant de l'excédant des frais de faisance valoir sur les produits. » (1).

Dans la séance du 28 février 1843, M. de Mackau croit qu'il est de son devoir de soumettre à la Commission des renseignemens dignes de foi qui viennent, à l'instant même, de lui parvenir au sujet de la situation des planteurs de Demerary :

« Les rapports faits sur Demerary, à la date du 9 janvier, sont effrayans. Les galeries des bâtimens publics, avoisinant la demeure du gouverneur, étaient encombrées de noirs, et l'on croit qu'il n'y a, tant à Demerary qu'à Essequibo, *qu'une* ou *deux* propriétés où tous les ouvriers, à l'exception des Portugais, n'aient pas cessé toute espèce de travail. Sur quelques plantations même, ils se sont portés à des voies de fait contre les surveillans. On attribue toute cette affaire aux efforts que font les propriétaires pour mettre les salaires en proportion avec le prix des denrées sur le marché.

» A Demerary, tous les laboureurs avaient cessé de travailler, à un tel point que, dans quelques localités, les contre-maîtres et les directeurs ont été obligés de rentrer eux-mêmes le foin nécessaire aux bestiaux, et l'insolence de la part des noirs était si grande et a été si loin sur quelques plantations, qu'on a été obligé d'avoir recours aux autorités.

» Le prix trop élevé des salaires et l'impossibilité d'obtenir un travail régulier, sont les deux questions vitales d'où dépend l'avenir de la colonie.

---

(1) Procès-verbaux de la Commission des affaires coloniales, 3ᵉ partie, pages 12 et 13.

» Par suite d'un relevé fait, 62 plantations situées dans divers districts de la Guyane anglaise, il a été prouvé qu'une barrique de sucre coûte environ 12 dollars (72 fr.) de plus à faire qu'elle ne rapporte, au prix actuel des marchés anglais ; de sorte que, si les choses ne changent pas, *on marche à une ruine complète et prochaine.* » (1).

M. Rossi avait paru élever des doutes sur les renseignemens fournis à la Commission, par *M. de Mackau*.....

M. de Mackau répond qu'il prend sur sa garantie personnelle la correspondance dont il vient de lire les extraits (2).

Dans la séance du 14 février, en réponse à M. *de Tracy*, *M. de Mackau* déclare s'opposer au système d'émancipation absolue ; sans vouloir développer de nouveau les considérations qui ont déjà été soumises dans ce sens à la Commission, il signale trois motifs principaux qui semblent devoir la faire repousser.

D'abord l'insuffisance de l'indemnité. La Commission sait, et c'est ce qu'a pris soin de confirmer *M. Burnley*, que l'indemnité allouée aux colons anglais n'a représenté que la moitié de la valeur des noirs, et le quart de la valeur des propriétés ; ainsi le trésor de l'Angleterre, tout en s'imposant un sacrifice énorme, n'a dédommagé que très incomplétement les colons expropriés. En supposant qu'en France aussi on obtînt du gouvernement et des Chambres un fonds d'indemnité générale, ce ne serait certainement qu'en transigeant sur le chiffre d'une manière encore plus fâcheuse.

En second lieu, il faudrait, à l'appui d'un tel mode d'émancipation, créer pour les colonies toute une législation nouvelle, et ce serait une tâche immense, dont il est à peine permis d'entrevoir le terme et le succès. Enfin, il n'est pas douteux que le premier effet d'une libération générale et absolue des noirs serait de les livrer à une inaction que le temps et la loi combattraient

---

(1) Procès-verbaux, 3ᵉ partie, pages 108 et 109.
(2) *Ibid.*, page 114.

peut-être utilement, mais qui commencerait par *amener une immense perturbation dans les intérêts coloniaux* (1).

« Dans les pays où un jour de travail sur sept suffit pour assurer tous les besoins du cultivateur, le travail réglé, soutenu, ne peut être obtenu que par la coercition, qui doit découler de la loi, jusqu'à ce que les mœurs, l'exemple, une civilisation plus avancée aient généralisé parmi les esclaves ces goûts de bien-être, d'aisance, de luxe, qui créent les besoins nouveaux et obligent à travailler pour y satisfaire. » (2).

Dans une des dernières séances de la Commission, *M. le vice-amiral de Mackau* résumait ainsi son opinion :

« Je répète que, dans les colonies françaises, les noirs ne sont pas et ne se trouveront pas, dans dix années, dans la condition morale où plus de vingt ans d'efforts, dans les colonies anglaises, avaient amené les noirs quand le bill sur l'émancipation y fut proclamé en 1833. D'un autre côté, tout fût-il égal d'ailleurs, je ne sais si la condition politique de notre pays, après les grands événemens que nous avons traversés depuis cinquante ans, nous permettrait d'apporter à l'accomplissement de cette entreprise hérissée de difficultés, autant de générosité, de résolution et de persévérance que l'Angleterre n'a cessé d'en déployer pour conduire à bonne fin le gigantesque essai qu'elle a tenté.

» La dernière communication de lord Stanley au parlement britannique prouve que nos voisins ont cependant encore beaucoup à faire pour couvrir tous les intérêts engagés dans cette grande question. » (3).

---

(1) Procès-verbaux, 3e partie, pages 55 et 56.
(2) *Ibid.*, page 188.
(3) Procès-verbaux, 3e partie, page 357.

M. JUBELIN,

ANCIEN GOUVERNEUR DE LA GUYANE ET DE LA GUADELOUPE,
MEMBRE DU CONSEIL DE L'AMIRAUTÉ, MEMBRE DE LA COMMISSION DES AFFAIRES
COLONIALES.

M. le duc de Broglie, à la page 6 de son rapport, inscrit le nom de *M. Jubelin* sur la liste des abolitionistes. *M. Jubelin*, comme tous les gouverneurs et tous les administrateurs des colonies, est un abolitioniste non de choix, mais de nécessité.

Le ministre de la marine écrivait aux gouverneurs et administrateurs des colonies : « L'émancipation est résolue; on vous consulte non sur le *principe*, mais sur le *mode*. »

M. Jubelin a dû obéir et indiquer le mode d'émancipation, suivant lui le moins mauvais. Du reste, il ne s'aveugle pas sur son mérite ; car dans la lettre même citée par M. le duc de Broglie, il se borne a ne pas *désespérer* du succès.

Encore ne croit-il à la *possibilité* d'une solution favorable : « *Que si l'œuvre est conduite avec justice, prudence et fermeté....* ; »

Si on accorde aux colons, une indemnité suffisante, largement appréciée, pour la valeur des esclaves;

Une législation spéciale, fortement coercitive au travail, pour les noirs libérés;

Enfin, une législation favorable sur les sucres.

Les trois systèmes qui ont fixé principalement l'attention de la Commission présidée par M. le duc de Broglie, ont été examinés, dit *M. Jubelin*, par le Conseil spécial de la Guadeloupe. Trois autres modes d'émancipation ont pris naissance dans le Conseil, et, en définitive, les opinions qui viennent d'être exprimées montrent que chacun de ses membres incline pour un mode différent.

Rien ne prouve mieux les difficultés de l'entreprise.

C'est en effet un problème difficile à résoudre que de concilier le travail continu avec la liberté, dans un pays où l'usage, passé

en force de loi, a consacré que le cultivateur peut, avec un jour
sur sept, suffire à ses besoins.

On ne peut, dans un semblable pays, se reposer, pour amener
l'homme à se livrer au travail, sur la nécessité de pourvoir aux
besoins de la vie

Il faut donc que la coercition vienne de la loi, jusqu'à ce que
les mœurs, l'exemple, une civilisation plus avancée, aient généralisé parmi les esclaves ces goûts de bien-être, d'aisance, de
luxe que créent des besoins nouveaux et obligent à travailler
pour les satisfaire.

Mais comment faire marcher la coercition au travail avec la
liberté?

La difficulté de cette alliance entre deux choses qui semblent
se contredire, m'a long-temps fait penser que la préparation
des noirs à l'émancipation totale qui doit leur arriver un jour,
devrait s'opérer sous le régime de l'esclavage, et non sous le
régime de la liberté.

J'aurais voulu qu'on continuât à marcher dans la voie des
améliorations, qu'on développât l'instruction morale et reli-
gieuse de la population noire; que le régime disciplinaire des
esclaves déjà fort adouci, le fût encore de manière à faire dis-
paraître tout ce qu'il pouvait offrir de blessant. Quelques années
d'un semblable système auraient été très utilement employées
pour la préparation des esclaves et des maîtres eux-mêmes aux
nouvelles relations que l'émancipation devra amener entre les
uns et les autres. Elles auraient ainsi donné le temps d'arriver,
sans avoir rien compromis, au moment où le gouvernement,
plus éclairé sur les conséquences qui sont en cours de se produire dans les colonies anglaises, aurait pu agir en parfaite connaissance de cause (1).

M. Jubelin, membre de la Commission des affaires coloniales,
a combattu le projet d'émancipation sans régime intermédiaire,
défendu par MM. Passy, de Tracy, etc.

---

(1) Procès-verbaux du Conseil spécial de la Guadeloupe, pages 142, 143,
144, 146, 147.

« Il ne faut pas se faire d'illusion, a dit *M. Jubelin* dans la séance du 14 février 1842, ni sur la limite à laquelle s'arrêteraient les dispositions réelles du noir pour le travail, ni même sur les garanties qu'on pourrait trouver dans la douceur naturelle de ses mœurs, sous le rapport du maintien de l'ordre. La tâche de l'autorité serait facile dans les colonies, à deux conditions : la première serait d'avoir une police beaucoup mieux organisée qu'elle ne l'est aujourd'hui ; la seconde de ne pas contrarier la tendance des noirs à user largement des loisirs que la loi leur aurait faits ; et si on voulait contrarier en eux des instincts d'oisiveté qu'un régime de liberté ne ferait que développer, on pourrait soulever de leur part des résistances dangereuses, etc.

On peut dire, sans espérer d'être démenti par les faits, *que la conservation partielle et très imparfaite du travail colonial est à peine le résultat le plus favorable qu'on puisse attendre de l'affranchissement général.* Ce qui est arrivé ailleurs est loin d'atténuer ces prévisions. Sans parler de Saint-Domingue, qui, il faut en convenir, ne peut être cité comme exemple d'une expérience régulière du travail libre, qu'on voie ce qui se passe dans les colonies anglaises. Si la production s'est maintenue dans quelques unes, elle a énormément diminué dans d'autres ; la moyenne générale de la réduction est de plus d'un tiers.

Tout se réunit donc pour rendre nécessaire une extrême circonspection, quand il s'agit de lancer nos colonies dans la voie où sont entrées celles de l'Angleterre. On a paru disposé à se résigner, jusqu'à un certain point, au remplacement des grandes cultures coloniales par les petites cultures, pour lesquelles les noirs montreraient plus de penchant. Une telle manière de voir trouverait son application, s'il s'agissait de former dans nos colonies des sociétés nouvelles qui n'eussent pas pour but la création de produits agricoles, destinés à servir de base à un vaste commerce d'échanges avec la métropole ; mais telle est précisément l'essence de nos établissemens coloniaux ; des richesses y ont été créées ; des capitaux y ont été portés ; elles absorbent annuellement des produits métropolitains pour une valeur de 5 ¹ millions ; tous leurs intérêts sont étroitement liés à la conservation dés grandes cultures ; si celles-ci étaient sacrifiées, on sacrifierait d'un même coup la fortune d'une grande partie des Français d'outre-mer, et *on porterait à l'une des sources de la prospérité nationale une atteinte profonde et peut-être irréparable.*

En ce qui concerne l'état respectif des populations, il faut bien le dire, quelle que soit la similitude générale des mœurs de la race noire, la population esclave était arrivée dans les colonies anglaises, en 1833, à un degré d'instruction et de civilisation qui la rendait bien supérieure à celle de nos colonies. C'est ce dont on peut se convaincre chaque fois qu'on voit des noirs anglais et français en présence. Il est inutile de discuter sur les diverses causes, bien connues, qui ont produit cette différence.

M. Jubelin se résume en déclarant *que, dans son opinion, ni hommes ni choses ne sont prêts, dans les colonies, pour une mesure aussi radicale que l'affranchissement général et immédiat des noirs* (1).

De puissantes considérations, ajoute *M. Jubelin*, en répondant aux objections de *MM. de Sade et de Tocqueville*, ont été invoquées pour démontrer l'utilité, la nécessité de ne pas introduire trop prochainement dans nos colonies le régime du salaire et de la libre concurrence du travail. S'il ne s'agissait que de réduire le montant de la dépense à mettre à la charge de l'état, il ne faudrait peut-être pas accorder trop de place à ce motif d'économie ; mais les difficultés de l'organisation du travail libre, après deux cents ans d'esclavage, l'état obéré des colons, et la lenteur avec laquelle s'opérera la liquidation des propriétés, le retard déplorable que subit le réglement de la question des sucres, la nécessité de préparer de loin les noirs à l'indépendance, et de donner enfin, sous tous les rapports, de nouvelles bases à la société coloniale, voilà des raisons pressantes qui semblent devoir faire incliner la Commission pour la fixation d'un large délai.

Quelques années de plus ou de moins sont d'une importance

---

(1) Procès-verbaux, 3ᵉ partie, pages 49 à 51.

secondaire pour la satisfaction du principe et les vœux de l'humanité ; elles sont, au contraire, d'une valeur considérable comme élément de succès de la mesure, et comme moyen de salut pour les intérêts engagés (1).

Dans l'opinion de *M. Jubelin*, il n'existe réellement pour la France, au moment de s'engager dans la voie difficile de l'abolition de l'esclavage, aucun fait précédent, aucun fait pratique dont elle puisse s'étayer comme d'un exemple favorable et encourageant.

Il n'est pas possible, en effet, de considérer, dès à présent, les résultats de l'expérience anglaise comme acquis à l'opinion des personnes qui ont foi dans l'avenir du travail libre aux colonies. Tout ce qu'on peut dire de mieux de ces résultats, c'est qu'ils laissent la question en suspens.

Si, dans l'ensemble, les rapports partiels donnent de grandes espérances, ils sont pleins aussi de faits qui inspirent les plus légitimes inquiétudes, et ils peuvent, en définitive, servir de bases aux conclusions les plus opposées.

Au point de vue du bien-être des noirs, la situation peut sans doute être considérée comme favorable, et c'est en ce sens que le gouvernement anglais se félicite du succès de l'émancipation. Mais quand on considère la position des planteurs, on est forcé de reconnaître que, dans la plupart des colonies, elle est tout à fait désastreuse, ou gravement compromise. C'est ce qui résulte du discours même prononcé par *lord Stanley*, dans la séance de la chambre des communes du 22 mars. Il serait trop long de relater tous les passages qui le constatent ; il suffit de noter cette phrase :

« Si, d'un côté, les partisans de l'abolition ont vu réaliser l'objet de leurs vœux, d'autre part, les colons ont éprouvé, par suite de cette mesure, une perte qu'ils ne devaient point subir. Le commerce britannique n'a point éprouvé une moins grave atteinte. » Les conclusions de ce discours sont, au surplus, la

---

(1) Procès-verbaux, 3e partie, page 261.

meilleure preuve de l'état de détresse qu'il révèle ; car il a été prononcé pour provoquer la formation d'un Comité d'enquête chargé d'examiner l'étendue et la profondeur du mal, et de rechercher les moyens d'y porter remède. Et il convient de remarquer que cet état de choses se révèle à une époque où le producteur anglais place les sucres à un prix presque double de celui que peuvent obtenir les sucres des colonies françaises.

Certes, un tel résultat ne saurait être celui que la France se proposerait en entreprenant la réforme sociale de ses colonies.

Son gouvernement doit vouloir tout à la fois donner satisfaction à un grand principe d'humanité, et employer, pour arriver à ce but, des moyens qui ne mettent pas en péril les richesses créées, les fortunes des familles, et les ressources déjà trop restreintes de notre navigation et de notre commerce maritime.

Ainsi, tout en désirant sincèrement que l'esclavage cesse, aussitôt qu'il sera possible de le faire cesser, M. *Jubelin* déclare qu'en ce moment solennel, où chacun des membres de la Commission va s'associer par son vote à une proposition formelle et en accepter la responsabilité, *il recule devant l'idée de conseiller au gouvernement l'adoption d'un projet de loi qui fixe le jour et l'heure de l'émancipation générale à une époque si rapprochée* (1).

----

(1) Dix ans. — Procès-verbaux, 3e partie, pages 373 et 374.

M. LAYRLE,

CAPITAINE DE VAISSEAU, GOUVERNEUR DE LA GUYANE FRANÇAISE.

M. le *duc de Broglie* cite à la page 7 de son rapport quelques lignes écrites par *M. Layrle*, qui sembleraient dénoter des tendances favorables à l'émancipation.

On jugera si *M. Layrle* est abolitioniste, après avoir lu les extraits suivans des rapports qu'il a adressés à M. le ministre de la marine et des colonies.

Le rapport du 1ᵉʳ juillet 1840 (1) constate une grande diminution dans la production des sucres et des cafés, à la Jamaïque :

« J'ai dû en rechercher les causes, dit *M. Layrle*, et je dois avouer que la vérité a tellement jailli de toutes parts, que je n'ai pas eu le mérite de la chercher long-temps. »

Nous ne sommes plus à l'époque où l'on pouvait s'abuser sur le résultat du trvail libre, au temps où les Brougham, Wilberforce, O'Connell, Seaford, Sligo et autres, prédisaient, au milieu du parlement d'Angleterre, que le travail d'un noir libre vaudrait celui de trois esclaves. Depuis lors, les faits ont parlé; ils ont renversé toutes les théories de ces abolitionistes.

Il est arrivé à la Jamaïque ce que j'ai observé ailleurs; c'est que, dès que les noirs n'ont plus été contraints à travailler, ils se sont abandonnés à leur paresse naturelle. Ils ont peu de besoins; le produit de leurs anciens terrains, les fruits de leurs jardins, leur procurent bien au-delà du salaire que peuvent leur offrir les planteurs.

N'éprouvant pas la nécessité de travailler, quand ils le font, c'est un acte de complaisance de leur part; et alors ce ne sont pas les noirs qui sont les obligés, mais celui qui les emploie.

---

(1) *Précis* imprimé par ordre de monsieur le ministre de la marine et des colonies, 4ᵉ volume, page 71.

Dans les colonies émancipées, à la Jamaïque surtout, les rôles sont intervertis.

Si on ajoute à cette particularité l'éloignement que les noirs, en général, manifestent pour le travail, l'inconstance qu'ils apportent dans ce qu'ils entreprennent, et l'impossibilité de les lier par un contrat, on ne sera pas surpris de la diminution des produits.

J'ai vu une propriété qui produisait naguère de 3 à 400 boucauts, et qui en a fait quatre cette année.

Dans le district de St-Thomas de l'est, appelé la vallée des Montagnes-Bleues, il existe dix à vingt sucreries qui ordinairement produisaient 4,000 boucauts ; cette année, elles n'ont donné ensemble que 350 boucauts ; *les propriétés n'ont plus de valeur ; les papiers publics sont remplis d'annonces de ventes, mais ces ventes ne s'effectuent jamais.*

Qui voudrait, en effet, dans l'état où se trouve la colonie, placer ses capitaux sur une propriété rurale que la force des choses obligera peut-être à abandonner l'année suivante? (1).

L'autorité se flatte toujours que les noirs se montreront plus assidus aux travaux de la terre qu'ils ne l'ont été dans ces deux dernières années. Les planteurs, au contraire, ne voient pas de remède à l'état de choses qui les accable.

Si quelques uns témoignent en faveur de l'avenir, c'est qu'ayant besoin des capitaux d'autrui pour faire marcher leurs ateliers, ils ont plus de chance de se les procurer en représentant les choses sous des couleurs moins sombres et moins alarmantes. C'est une tactique dont les hommes d'affaires et les bailleurs de fonds ne sont pas dupes ; les assertions de leurs débiteurs sont loin de dissiper les doutes qu'ils entretiennent et que les faits corroborent chaque année, etc.

Après avoir vu comment les choses se passent à la Jamaïque, je dois dire qu'elles m'ont paru plus graves que sir Ch. Metcalfe ne les a représentées à son gouvernement ; et que le nouveau gou-

---

(1) *Précis,* 4e volume, page 76.

verneur, en signalant les maux qu'a produits l'émancipation, s'est efforcé de ne pas rendre le tableau trop sombre ni trop triste (1).

A la Jamaïque, comme dans les autres îles anglaises que j'ai visitées, c'est une diminution considérable dans les produits depuis l'émancipation ; ce sont des noirs qui ne travaillent pas, qui ne veulent pas travailler. Sans doute , à la Jamaïque, diverses circonstances sont venues compliquer un état de choses si préjudiciable à la production ; mais ce ne sont que des incidens ; le fond de la question reste toujours le même : *c'est le travail libre dont le résultat n'est plus douteux, qui fait pencher la balance vers la ruine des anciennes possessions à esclaves.* » (2).

Rapport sur ANTIGUE, de M. LAYRLE, du 1er mai 1841.

M. Layrle reconnaît que, grâce à la position exceptionnelle d'*Antigue,* la production n'y a pas diminué depuis l'abolition de l'esclavage.

Antigue est soumise à des sécheresses fréquentes et prolongées qui s'opposent à la culture des vivres.

Le noir ne trouve pas, dans le morceau de terre que lui laisse la générosité de son ancien maître, de quoi se nourrir.

On n'évalue pas à plus de six ou huit gourdes par an ce que le noir retire de ses cultures particulières. Il est impossible qu'il vive, qu'il fasse vivre sa famille avec si peu ; il est donc obligé de recourir à son ancien maître ; car, sans lui, sans la rémunération qu'il donne à son travail, il mourrait de faim (3).

Il est donc certain que le travail a continué à Antigue depuis

---

(1) *Précis,* 4e volume, pages 86, 87 et 88.

(2) *Ibid.,* 4e volume, pages 200 et 201.

(3) *Ibid.,* 4e volume, pages 196 et 197.

Antigue, dit M. de Tocqueville dans son rapport à la Chambre des députés, est dans une situation toute particulière ; presque toutes les terres y sont occupées ; on y est presque aussi serré qu'en Europe. Le nègre se trouve donc placé dans cette alternative de mourir de faim ou de travailler.

l'émancipation; mais je cite cette colonie comme venant ajouter au petit nombre d'exceptions qu'un observateur impartial trouvera sur son passage, en visitant les lieux où les noirs ont été appelés à la liberté.

Et cependant, l'avenir ne laisse pas que d'inquiéter le planteur et est effrayant pour l'affranchi. La prospérité d'Antigue est un état éphémère qui tient en grande partie à la cherté des sucres; cet état de choses touche probablement à sa fin. Aussitôt qu'il cessera, le malheur du noir est certain.

Que deviendra-t-il en effet, lorsque le prix des sucres, abaissé un jour, sur les marché de la mère-patrie, à un chiffre satisfaisant pour les classes souffrantes d'Angleterre, obligera le planteur à cesser ses libéralités, à réduire ses salaires?

ÉCOLES.

Résultats de l'instruction donnée aux Noirs.

Antigue ne le cède à aucune autre colonie pour la multiplicité de ses écoles. L'église anglicane, les sectes religieuses, rivalisent de zèle pour les fonder et les entretenir. Toutes les classes d'affranchis s'empressent de faire donner à leurs enfans les premiers élémens de l'instruction; c'est un moyen, d'ailleurs, de les soustraire aux travaux des habitations et de les éloigner des champs. Les écoles secondent parfaitement leurs vues, non par les principes qu'on y donne aux enfans, mais par l'habitude que ceux-ci contractent de ne pas travailler comme le faisaient leurs pères, habitude qui doit avoir une si grande influence sur les colonies émancipées.

Que deviennent ces jeunes gens au sortir de l'école?

Ils savent lire et écrire; ils connaissent les quatre premières règles de l'arithmétique; ils ont appris les commandemens de Dieu et de l'Eglise; ils savent chanter des cantiques à la louange du Seigneur; mais ils ne savent pas se servir du plus simple des instrumens aratoires; ils ont passé leur jeunesse sur les bancs, et les parens les ont entretenus dans l'idée que le travail des champs, qui leur rappelle sans cesse l'esclavage, ne doit pas être pour eux moins humiliant. Que deviendront-ils donc ces jeunes gens, que des soins mal entendus d'un côté, que des préventions injustes de l'autre, ont placés dans un isolement qui ne convient ni à leur point de départ, ni à leur fortune?

Je laisse les habitans d'Antigue répondre à cette question. Ils vous diront que ces demi-savans peuplent les villes; qu'ils participent aux désordres et aux vols devenus fréquens depuis l'émancipation, et que c'est dans cette industrie, à peu près nouvelle dans les colonies, qu'ils trouvent leurs moyens d'existence.

En ma qualité de voyageur et d'étranger, il ne m'a pas été possible de connaître au juste ce qu'il y a de vrai dans cette assertion; cependant je sais assez ce qui se passe dans le pays pour y ajouter quelque créance.

Mais si la direction que prennent les jeunes hommes, en quittant les bancs, échappe aux investigations ordinaires, il n'en est pas de même de celle des filles.

Je n'ai pas pour habitude de sonder trop profondément les plaies de la société; mais quand elles surgissent de toutes parts, quand elles se présentent d'elles-même, je ne puis en nier l'existence : d'ailleurs, ma qualité d'observateur impartial m'impose le devoir de dénoncer le mal comme de signaler le bien.

Sous l'esclavage, les mœurs étaient loin sans doute d'être régulières; mais le spectacle dégoûtant du vice ne se montrait pas comme il se montre aujourd'hui.

La ville de Saint-Jean a déployé à mes yeux ce que je n'avais encore rencontré qu'au milieu de la civilisation de la vieille Europe.

Nulle part, dans les colonies, je n'avais trouvé les rues couvertes de filles, ou, pour mieux dire, d'enfans spéculant sur les avantages physiques que la nature leur a donnés; je devais voir cela pour la première fois à Antigue, et je suis forcé d'avouer que je l'ai vu sur une grande échelle. « Mais, disais-je aux habitans, d'où proviennent donc ces jeunes prostituées, qui, le soir, remplissent vos rues, couvrent vos quais, assiégent les voyageurs sur les portes de vos hôtels?» A cela je n'ai jamais obtenu d'autre réponse que celle-ci : *Elles sortent des écoles.*

Que conclure de tout ceci? sinon qu'il y a quelque chose de vrai dans une assertion que l'on trouve dans toutes les bouches : c'est que la philantropie s'est trompée en adoptant des moyens de moralisation dont les résultats sont si déplorables.

Il est encore une plaie qui est la conséquence naturelle de ce que je viens de dire, c'est l'infanticide et la pratique des femmes de la campagne de faire mourir l'enfant dans leur sein.

Sous l'esclavage, une femme enceinte était l'objet d'attentions particulières, elle n'allait plus aux champs.

Les enfans étaient élevés avec soin et ne coûtaient rien à leurs parens. Le nouvel ordre de choses a détruit tous ces avantages; la femme enceinte est obligée de prendre la houe pour vivre; l'enfant qu'elle laisse à la maison est une charge, un embarras; il en est de même de celui qu'elle porte dans son sein. Si elle a de la peine à suffire à ses propres besoins, comment fera-t-elle pour pourvoir à ceux d'une famille? C'est de cette fâcheuse position, c'est des habitudes vicieuses des villes que sont nés les crimes dont je viens de parler (1).

MARIAGES.

Le mariage, sans doute, pourra atténuer en quelque sorte les maux que le nouvel état de la société a fait naître; mais les noirs ne comprennent pas encore l'étendue de l'engagement qu'ils contractent en se mariant. Le clergé anglican et les sectes religieuses ont fait beaucoup de mariages dans ces dernières années.

Les noirs se marient pour satisfaire le ministre qui les exhorte, et pour les festins et les danses qui suivent la cérémonie, mais avec l'arrière-pensée de ne rien changer à leur façon de vivre,

---

(1) *Précis*, 4ᵉ volume, pages 205, 206, 207, 208 et 209.

et de reprendre , dès le lendemain de leurs noces, le cours de leurs habitudes déréglées. Cela est si vrai qu'il est rare que les époux appartiennent à la même habitation ou au même village; le mariage ne les réunit qu'un moment ; chacun retourne chez soi après qu'il est accompli.

On se retrouve, on se revoit sans doute, mais on peut juger ce que peut être cette union après quelques mois. Les femmes ne sont pas meilleures que les hommes ; elles partagent leurs goûts inconstans et s'y prêtent de tout leur pouvoir : cependant les chances ne sont pas égales ; dans le mariage tel que les noirs l'entendent jusqu'à présent, les charges sont pour les femmes. Oui, les ministres du culte font des mariages, mais ils ne moralisent pas les populations, parce que cette œuvre ne peut s'accomplir en quelques années, et qu'il n'y a encore que quelques années qu'on s'occupe de moraliser les noirs (1).

STATISTIQUE DES PÉNALITÉS.

Si de la statistique des mariages je passe à celle des pénalités infligées dans ces dernières années, je trouve la même déception. L'indulgence des magistrats est aussi manifeste à Antigue que dans les autres colonies émancipées. Mais si, à Antigue comme ailleurs, elle a pour résultat d'amoindrir la statistique des peines prononcées, elle a aussi le malheur d'encourager les délits. Entendez les magistrats : tous protesteront de la diminution des affaires, et les annales judiciaires sont là pour prouver qu'ils sont dans le vrai ; mais sondez la société, vous apprendrez que les fautes sont aussi nombreuses qu'autrefois ; qu'elles sont, à la vérité, moins connues, parce que la débonnaireté des agens appelés à les réprimer a relâché tous les ressorts; et que, à moins d'un cas très grave , l'habitant n'aime pas à se déranger pour aller déposer devant un magistrat dont il connaît la partialité.

____

(1) *Précis*, 4ᵉ volume, pages 209, 210, 211 et 212.

La partie non plus ne poursuit pas d'office. Il s'ensuit que beaucoup de délits, et quelquefois des crimes, restent ignorés.

L'indulgence de la magistrature tend à entretenir le désordre dans la société. Elle cessera sans doute lorsque les illusions du premier moment se seront évanouies, lorsqu'il n'y aura plus d'exigences à satisfaire et d'utopies à flatter.

Je regrette d'avoir à combattre des doctrines qui flattent et soulagent le cœur. J'aurais voulu trouver la société d'Antigue à l'unisson de ses belles cultures; mais je ne puis m'abuser sur l'état moral de la population de cette intéressante colonie. Je l'ai vue de trop près, j'y ai puisé des renseignemens trop sûrs, pour m'arrêter à l'idée que je ne suis pas dans le vrai, et que je n'exagère pas les maux qui sont venus à ma connaissance (1).

COUP-D'ŒIL GÉNÉRAL

Sur les résultats de l'émancipation des Noirs.

MM. les gouverneurs des colonies anglaises et les autres fonctionnaires publics sont aujourd'hui moins embarrassés qu'ils ne l'étaient dans les premiers temps de l'émancipation, lorsqu'on les questionnait sur les résultats de cette mesure. S'ils n'étaient pas liés alors par les instructions de la métropole, ils étaient au moins dans cette position étrange, qu'ils redoutaient le danger de ne pas dire comme elle. Elle voulait voir, dans l'affranchissement des noirs, la réalisation des espérances qu'elle avait conçues, et tout ce qui aurait eu pour but de détruire cette illusion eût été mal accueilli. Les magistrats spéciaux envoyés d'Angleterre étaient dans l'esprit de ceux qui les avaient nommés : les volumineux rapports qu'ils adressaient au gouvernement étaient d'une partialité qui dérobait la vérité. Les relations de ces agens de l'émancipation avec les gouverneurs tendaient aussi à leur

-----

(1) *Précis*, 4e volume, pages 212 et 243.

cacher le véritable état de choses. La correspondance officielle était entachée de toutes ces erreurs : ce n'est donc pas dans les documens de cette source qu'il faut chercher la marche de l'émancipation anglaise ; on n'y trouverait que déception.

Les temps sont changés, depuis qu'un homme d'une haute moralité, d'une conscience qui ne lui permettait pas de déguiser la vérité, a soulevé le voile qui la cachait. Depuis que le gouverneur actuel de la Jamaïque, sir Charles Metcalfe, a fait connaître à son gouvernement ce qui se passait dans les limites de son commandement, chacun a voulu imiter un langage aussi noble, et de toutes parts la vérité a apparu. D'un autre côté, le temps des déceptions était passé ; les faits parlaient et se pressaient en masse ; ils étaient de nature à réduire à leur juste valeur les assertions émanées des enthousiastes de bonne foi, et à déjouer les combinaisons des spéculateurs.

Dans ce que j'écris, je ne fais que résumer les conversations nombreuses qui avaient, de la part des autorités, un cachet d'abandon et de bonne foi qui rendait ma mission facile. Aujourd'hui il n'y a plus de différence entre la manière de voir des planteurs et celle des agens du gouvernement. Si autrefois il a existé des préventions, elles se dissipent en présence d'un avenir qui inquiète, et que les uns et les autres voudraient améliorer.

Y réussiront-ils ?

Tant que le prix des sucres se maintiendra au taux excessif qu'ils ont atteint, Antigue et quelques autres localités pourront prolonger leur agonie ; mais tôt ou tard elles subiront le sort commun.

Antigue, depuis long-temps, avait fixé mon attention. Il me tardait de porter mes investigations sur cette terre de prédilection. Le moment étant venu, je n'ai épargné ni mon temps ni mes soins.

J'ai voulu me rendre compte de tout ce que j'ai vu. Si je n'ai pas réussi, il faut se rappeler que les imperfections de l'esprit humain ne permettent pas toujours de saisir toute la vérité ; cependant je me flatte d'en avoir approché.

J'ai dû m'enquérir de l'état moral de la société à Antigue, parce que cette colonie compte sept années de liberté , quand les autres n'en ont que trois. Je l'ai fait sans arrière-pensée , sans aigreur, sans aucune idée de dénigrement. J'ai constaté un fait. J'aurais voulu trouver un état de choses plus satisfaisant, je me serais empressé de le reconnaître (1).

BARBADE.

Rapport de M. LAYRLE du 1er juin 1841.

La Barbade renfermant une population supérieure à celle d'Antigue et son territoire étant entièrement occupé, le travail libre y avait plus de chances qu'à Antigue.

Le chiffre élevé de la population de la Barbade assure aux planteurs des bras en tout temps.

La position du sol ne laisse au noir aucune possibilité de s'établir, pour son compte, ailleurs que sur la terre qui lui appartient. La Barbade n'a ni terrains vagues, ni bois; c'est un grand jardin, divisé entre un certain nombre de propriétaires.

Le noir qui ne veut pas travailler pour autrui doit rester sur sa propre terre, ou, s'il n'en possède pas, il sera poursuivi comme vagabond.

L'action de la police est facile sur un terrain où il n'y a d'obstacle à la vue que l'éloignement.

Dans l'obligation de posséder, ou de travailler pour autrui, des noirs achètent des terres, d'autres en prennent à loyer; ils se livrent à la culture des vivres, quelquefois à celle de la canne; mais, à la Barbade comme à Antigue, l'état atmosphérique habituel s'oppose à la culture des vivres; le produit de la canne,

---

(1) *Précis*, 4e volume, pages 217, 227, 228, 229, 230 et 231.

plantée sur une petite échelle, ne suffit pas non plus pour assurer une existence indépendante ; les affranchis, quoique possédant des terres, ou les tenant à loyer, sont heureux d'offrir leur travail aux planteurs, dont la rémunération pécuniaire est ce qu'il y a de plus sûr dans leur revenu (1).

ÉTAT MORAL DE LA POPULATION ÉMANCIPÉE.

C'est un crime nouveau dans les colonies que l'infanticide. Sous le régime de l'esclavage il était inconnu ; le nouvel état de la société, la misère des campagnes, le vice des villes, lui ont donné naissance : Dieu sait quelles seront ses limites avec la mollesse de la magistrature ! Ainsi, l'infanticide, qui n'était qu'un doute à Antigue, s'est montré dans toute sa réalité à la Barbade. A la Barbade aussi, la prostitution court les rues ; mais elle a quelque chose de moins hideux qu'à Antigue ; elle est moins jeune. On voit de suite que les écoles n'ont pas encore alimenté la vie licencieuse et désordonnée des villes.

Je désire que la Barbade conserve dans toute sa pureté une jeunesse qui est l'objet de tant de soins ; mais, hélas ! que fera-t-elle un jour cette jeunesse que l'on élève en dehors du travail ? Son instruction primaire, ses momeries religieuses ne la sauveront pas des précipices qu'un zèle malentendu ouvre devant elle. Les sectes religieuses ont aboli l'esclavage ; c'est à elles que l'on doit le nouvel état social ; mais un jour les classes affranchies leur devront des maux et des vices qu'elles ne connaissent pas (2).

ÉDUCATION DES ENFANS NOIRS.

Dans les questions adressées annuellement par l'autorité aux magistrats des paroisses, il en est une que je trouve toujours

---

(1) *Précis*, 4e volume, page 470.
(2) *Ibid.*, 4e volume, pages 486 et 487.

résolue négativement, c'est celle qui a pour objet de connaître si les noirs entretiennent leurs enfans dans des idées de travail.

Je vois dans les documens dont la source ne saurait être suspecte, que les affranchis éloignent partout leurs enfans des champs. Les écoles se prêtent à leurs vues; ils y tiennent leurs enfans enfermés toute la journée, et, par ce moyen, les soustraient aux demandes des planteurs qui pourraient les employer; car, sur les habitations, il y a du travail pour tous les âges (1).

PRIX DE VENTE DES DENRÉES.

Je me suis souvent expliqué sur le prix exorbitant des denrées coloniales sur les marchés d'Angleterre : c'est là le thermomètre de la prospérité des pays anciennement à esclaves. Tant que le sucre ne sera pas revenu à un prix convenable, la question d'émancipation , cette question de vie ou de mort pour les colonies, ne sera pas vidée. En effet, si les planteurs produisent moins qu'autrefois , si leurs dépenses sont plus considérables, leurs bénéfices se sont accrus par l'élévation des prix de vente; s'il y a perte d'un côté, il y a gain de l'autre. Mais que le prix de vente fléchisse, les charges restant les mêmes, que deviendra le planteur? Dans les colonies où les noirs ne travaillent que pour obliger d'anciens maîtres, dans celles où leur existence assurée en dehors de la grande propriété les rend exigeans sur le chiffre des salaires, les planteurs ne pouvant plus satisfaire aux prétentions des travailleurs, cesseront de produire.

Dans les localités où l'existence du noir est étroitement liée à la grande propriété, la réduction des salaires étant la conséquence de l'abaissement du prix des denrées, le noir qui, dans ces colonies, est déjà malheureux, le sera bien davantage quand

---

(1) *Précis*, 4e volume, page 487.

la modicité de ses rémunérations pécuniaires ne lui permettra plus de pourvoir à ses besoins.

Restera-t-il sur des terres ingrates qui repoussent ses cultures? Se condamnera-t-il à mourir de faim, quand ses voisins trouvent, dans des lieux plus favorisés du ciel, une existence assurée? non ; il quittera un sol où tout milite en faveur du maître, pour jouir de la vie facile et indépendante qui convient à ses goûts et à ses habitudes. Je le répète : la question d'émancipation n'est pas vidée ; elle sera l'objet de bien des controverses, tant que le prix de la denrée n'aura pas repris l'assiette qu'il avait avant l'abolition de l'esclavage (1).

CONCLUSION.

En parlant de la Barbade, j'ai fait connaître ce qu'elle est aujourd'hui. Elle n'a rien perdu sous le rapport du travail ; c'est un fait que j'ai dû constater. La société s'est améliorée d'un côté et se vicie de l'autre ; c'est encore une vérité ; mais je ne prétends prédire en rien l'avenir de cette colonie. Il y a des chances pour que le futur ne vaille pas le présent ; ces chances dépendent du gouvernement de la Grande-Bretagne et des exigences extérieures.

Je le répète, il y a une législation sur les sucres à intervenir ; c'est de cette législation que dépendra le sorte des colonies anglaises : elle peut prolonger l'existence des plus favorisées d'entre elles, comme elle peut la ruiner complétement.

La Barbade, sans doute, a des chances de durée ; mais, malgré la possession de son territoire, qui repousse l'oisiveté et le vagabondage ; malgré les avantages d'une classe d'habitans riches et domiciliés, je n'assurerais pas que cette colonie échappera à la loi commune, à la ruine des possessions anciennement à esclaves. C'est cependant une belle et intéressante colonie que la Barbade (2) !

---

(1) *Précis*, 4e volume, pages 488 et 489.
(2) *Ibid.*, page 498.

Rapport de M. LAYRLE sur les îles de Sainte-Lucie, Saint-Vincent et la Grenade, en 1840.

Voici l'analyse de ce rapport, qui porte la date d'avril 1840 :

PRODUITS DES RÉCOLTES DE 1839 et 1840.

La récolte de 1839 avait été préparée par l'apprentissage, et tout indiquait un excellent résultat. Après l'émancipation définitive, le travail libre n'a eu qu'à couper la canne et à procéder à la fabrication du sucre. Mais elle ne s'est opérée qu'avec lenteur, et conséquemment avec perte. Dans quelques localités elle ne s'est point terminée : j'ai eu connaissance de cannes qui ont péri sur pied, faute de bras pour les couper. La récolte de 1839 a donc été de beaucoup inférieure à celle des années précédentes; je m'en suis convaincu encore, en cherchant, sur le registre de la douane de 1839, le chiffre de l'année 1839 et celui des années antérieures.

Sans savoir au juste ce que sera la récolte de 1840, tout fait présager qu'elle restera bien au dessous de celle de 1839; car il est notoire que la culture de la canne a perdu un tiers des bras qu'elle employait précédemment (1).

VALEUR VÉNALE DES PROPRIÉTÉS,

Comparativement à celle qu'elles avaient avant l'émancipation.

Avant l'émancipation, il était très difficile de vendre à un prix convenable; cela est devenu impossible depuis l'émancipation, quand on a connu les résultats désastreux de cette mesure, quand on a été pénétré de l'idée que l'avenir était encore plus sombre que le présent. A Sainte-Lucie, à Saint-Vincent et à la Grenade, toutes les petites propriétés ont été abandonnées. Les habita-

---

(1) *Précis*, 4e volume, pages 122 et 123.

tions qui ne peuvent pas produire au moins trente boucaux de sucre par an ne couvrent pas leurs frais, et sont conséquemment obligées de fermer leurs ateliers (1).

PRIX DES VENTES DES DENRÉES,

Comparé aux prix antérieurs,

A aucune époque les sucres des colonies anglaises n'ont eu, sur les marchés de la Grande-Bretagne, le prix qu'ils ont acquis depuis l'émancipation.

Les colonies produisant moins, les sucres sont devenus moins abondans ; et comme les besoins sont les mêmes, il en est résulté que le prix de cette denrée s'est élevé dans le rapport de sa diminution. Sous le régime de l'apprentissage, ils se vendaient, en Angleterre, 20 à 25 fr. le quintal ; aujourd'hui ils se vendent 40 et 45 fr. En Angleterre, il n'y a pas de sucre de betterave. Le sucre étranger est frappé d'un droit prohibitif. Le jour où les sucres étrangers y seront admis, le jour où la concurrence fera baisser le prix des sucres des colonies anglaises, ce jour-là, il n'y aura plus de culture possible le salaire élevé que les planteurs anglais sont obligés de donner à leurs travailleurs ne leur permettra pas de supporter une concurrence qui sera pour eux le signal de la ruine : ils devront fermer leurs ateliers et abandonner leurs habitations (2).

CONDUITE DES NOUVEAUX NOIRS.

D'après les renseignemens qui m'ont été fournis, j'ai pu juger que la conduite des nouveaux affranchis n'a pas été exempte de reproches : des meurtres ont été commis ; les vols sont devenus

---

(1) *Précis*, 4ᵉ volume, pages 131 et 132.
(2) *Ibid.*, 4ᵉ volume, pages 133 et 134.

plus fréquens, et l'attitude des noirs, vis-à-vis des anciens maîtres, est souvent répréhensible.

Cependant ce n'est que dans des cas extrêmes que les planteurs ont recours aux magistrats spéciaux; l'esprit de ces magistrats, presque toujours défavorable aux colons, la crainte que ceux-ci ont de voir diminuer le nombre des travailleurs sur leurs terres, portent les anciens maîtres à user d'indulgence et à souffrir les grossièretés des affranchis et leurs manquemens aux devoirs (1).

MM. les gouverneurs des colonies anglaises et autres agens du gouvernement ne balancent jamais à témoigner en faveur du travail libre, de la culture et de la bonne conduite des affranchis.

Seulement, ils ne parlent plus avec autant de confiance quand on sort des généralités pour entrer dans les détails; ils conviennent même souvent que les choses ne vont pas aussi bien qu'il serait à désirer; mais ils ajoutent qu'il faut s'en prendre aux planteurs. Ceux-ci, de leur côté, se plaignent de l'autorité. Viennent ensuite les hommes d'affaires et les *géreurs*, qui, n'opérant pas pour leur compte, sont moins sensibles à la marche des événemens et à la diminution des produits, mais qui cependant avouent que les choses ne vont pas bien, et qu'elles sont préjudiciables aux intérêts des propriétaires. Viennent enfin les propriétaires eux-mêmes, qui jettent l'alarme de toutes parts, et qui ne voient dans l'avenir qu'une ruine certaine. Ceux-ci, sans doute, apportent beaucoup d'exagération dans la manière de représenter les choses, mais aussi ce sont eux qui sont les plus intéressés; car ils dépensent beaucoup et récoltent très peu; ce qui ne fait qu'effleurer les autres les atteint profondément. C'est donc au milieu de ces opinions diverses qu'il faut chercher la vérité. Quand on a été sur les lieux, quand on a pu apprécier les faits, quand on a été à même de faire la part des craintes et des espérances, cette vérité n'est pas difficile à saisir : *L'émancipa-*

---

(1) *Précis*, 4ᵉ volume, page 137.

tion est une mesure funeste aux colonies anglaises; elles ne se relèveront peut-être jamais du coup qu'elles ont reçu (1).

L'émancipation anglaise n'a pas réglé les choses avec équité ; elle n'a eu en vue que d'être agréable aux affranchis ; l'intérêt des planteurs n'a été consulté en rien ; on s'est défié d'eux ; on a affecté de les considérer comme des hommes cruels et passionnés, comme les ennemis déclarés des noirs, et, à ce titre, on les a éloignés de toute participation à une mesure dans laquelle leurs intérêts devaient être si gravement compromis. C'est une erreur du gouvernement britannique. En cela il s'est écarté du principe posé par le ministre Canning, qui ne voyait de système d'émancipation possible que celui qui serait arrêté de concert avec les propriétaires, et qui aurait pour base et l'intérêt des maîtres et celui des esclaves. L'Angleterre s'est crue dégagée en accordant l'indemnité : c'était bien pour le moment; ce n'était pas assez pour l'avenir.

Mais le contre-coup de l'émancipation se fait sentir en Angleterre : la cherté du sucre, la diminution des revenus de l'état, la perte d'un mouvement commercial et maritime considérable, sont de nature à fixer sérieusement l'attention du gouvernement. *Long-temps les Anglais de la mère-patrie ont pu s'abuser sur les résultats d'une mesure qui flattait leurs idées philantropiques ; mais aujourd'hui que les conséquences de cet événement se dessinent et s'apprécient ; que les faits matériels viennent dissiper toutes les utopies, il est impossible à tout homme raisonnable de ne pas voir dans l'émancipation une mesure d'abord funeste aux colons, et qui, par suite, peut causer des embarras réels à l'Angleterre.*

La Grande-Bretage s'est donnée en exemple aux nations qui possèdent des colonies à esclaves. L'expérience qu'elle a témérairement entreprise n'est que commencée ; elle atteindra prochainement sa solution, soit par l'abandon des colonies , soit par l'adoption des moyens propres à les sauver de la décadence

---

(1) *Précis*, 4e volume, pages 151 et 152.

et de la ruine où elles ont été précipitées. La cessation de l'esclavage est de notre siècle, c'est un acte d'humanité et de justice qu'il faut accomplir. Pour ma part, je me suis, dans plus d'un lieu, prononcé en sa faveur, mais il convient de ne pas se hâter.

Nos voisins d'outre-Manche ont commencé l'expérience ; eh bien, sachons profiter des fautes qu'ils ont commises, et attendons ce qu'il feront pour rétablir l'ancienne prospérité de leurs colonies. Nous les voyons jeter les regards sur la rive africaine : c'est là sans doute qu'ils fondent leurs espérances ; c'est là qu'ils trouveront le remède aux maux qu'ils ont fait naître, et que, par l'usage des contrats loyalement exécutés, ils rétabliront la classe précieuse des laboureurs dans leurs possessions appauvries.

Je n'ai pas borné mes recherches aux seuls renseignemens des villes. J'ai passé la plus grande partie du temps fixé par mes instructions à parcourir les campagnes ; j'ai vécu au milieu des anciens maîtres, des affranchis, des magistrats et des ministres des cultes ; j'ai entendu les uns et les autres ; j'ai vu les terres en friches, les ateliers appauvris et j'ai pu juger les résultats de l'émancipation.

Je l'ai fait avec impartialité, parce que c'était mon devoir ; parce que, dans ma position, je suis tout à fait désintéressé dans l'avenir de nos colonies (1).

Rapport de M. LAYRLE, de septembre 1849, sur la TRINITÉ.

Le rapport fait connaître les circonstances heureuses qui devraient maintenir la production à la Trinité.

Elles consistent dans la nouveauté du sol, dans sa fertilité, dans le peu de travail que réclament les terres pour être mieux

---

(1) *Précis*, 4e volume, pages 157 et 158.

en rapport, et dans la possibilité de conserver les récoltes plusieurs années sur pied.

La superficie du sol cultivable était considérable, comparativement à la population, les planteurs ne se servent que des
meilleures terres pour établir leurs cultures.

La fertilité de ces terres est telle, qu'elles ne réclament ni
labourage, ni engrais; tout se réduit à planter la canne, à lui
donner deux sarclages et à la couper.

Les rejetons se reproduisent en abondance. La récolte n'est
pas astreinte à un temps ou à une saison donnée. Si les circonstances s'opposent à ce qu'on la fasse au bout de l'année, on peut
la remettre à l'année suivante.

La conséquence de ces avantages est que la récolte n'est jamais perdue; que si les noirs ne travaillent pas dans un moment
de l'année, on sera toujours à temps de profiter de leur bon
vouloir, chose que l'on ne peut pas faire dans les vieilles colonies, où tout doit s'exécuter à des époques voulues, sous peine
de pertes considérables.

Ainsi, la fertilité du sol, la condition particulière des cultures, compensent en grande partie, à la Trinité, ce que l'inconstance des travailleurs pourrait avoir de préjudiciable.

Sans doute des bras ont été enlevés au travail de la terre depuis l'émancipation ; mais la Trinité est entrée de bonne heure
dans la voie des immigrations. Si la colonie n'a pas retiré de
cette mesure tout ce qu'elle en attendait, elle y à cependant
trouvé le moyen de soutenir ses cultures au même point que
sous le régime de l'apprentissage, chose que je n'ai trouvée nulle
part (1).

Le vagabondage est d'ailleurs difficile à la Trinité, qui est un
pays plat et souvent sous l'eau. Le noir est obligé de se tenir
dans le voisinage des habitations, et là, dans l'impossibilité où il
est de se livrer à de petites productions que les pluies abondan-

---

(1) *Précis*, 4ᵉ volume, pages 261 et 262.

tes de l'année ne souffriraient pas, force est à lui de s'employer pour ses anciens maîtres. Le vagabondage, si commun et si facile dans les autres colonies, ne peut pas exister à la Trinité ; la situation du sol et l'état du ciel s'y opposent absolument. Cette circonstance a pour résultat de ramener à la grande culture des bras qui ne peuvent s'utiliser pour eux-mêmes (1).

M. le capitaine de vaisseau Layrle termine ainsi son rapport :

Ce n'est point à la Trinité que l'observateur doit se placer pour connaître les résultats de l'émancipation des noirs, parce que c'est un pays qui n'a aucun rapport ni aucune ressemblance avec les autres colonies.

S'il existait dans les Antilles un sol vierge, des terres d'une prodigieuse fertilité, qui eussent à peine besoin du secours des hommes pour produire d'abondantes récoltes, on pourrait alors établir la comparaison de ce lieu avec la Trinité ; mais tant qu'on ne l'aura pas trouvé, cette colonie reste exceptionnelle.

Nos possessions dans les Antilles ne peuvent être comparées qu'à celles de même date qui les avoisinent.

C'est dans ces dernières qu'il faut étudier la marche des événemens qu'il importe de bien observer à mesure qu'on s'éloigne du jour qui les a vus naître ; et c'est d'après ce qu'on aura appris qu'il sera possible de prévoir ce qui arrivera chez nous dans des circonstances semblables. Dans nos colonies, les terres sont souvent médiocres, celles qui sont bonnes sont fatiguées par d'incessantes récoltes ; pour les conserver en rapport, il faut des travaux considérables de labourage, qui, dans l'état de liberté, augmenteraient le prix de revient de la denrée. Les anciennes colonies anglaises sont dans le même cas : les récoltes ne s'y feraient pas, si elles n'étaient préparées par des dépenses extraordinaires, aujourd'hui que tout se paie et qu'il n'est guère permis au planteur de marchander.

A la Trinité, au contraire, tout vient, tout pousse, presque sans qu'on s'en occupe ; on brûle une pièce de terre, on la net-

---

(1) *Précis*, 4ᵉ volume, page 263.

toie des racines qui l'obstruent, on y plante la canne sans labourage, sans engrais, sans travail préalable.

Pendant le cours de l'année, on donne des sarclages ; au bout
de dix à douze ans, les cannes sont bonnes à aller au marché.

Les rejetons poussent abondamment pendant quinze à vingt
ans, et une pièce de terre une fois plantée, rapportera chaque
année autant que la première ; si les noirs ne sont pas disposés
à travailler, si quelques circonstances s'opposent à la récolte,
eh bien, il y a bénéfice à la laisser sur place ; les cannes produisent davantage l'année suivante. Au bout de trois ans, elles n'ont
rien perdu de leur valeur, c'est à peine si la première année,
l'on compte quelques plantes altérées.

Voilà les avantages qu'offre le sol de la Trinité sur celui des
anciennes possessions, où non seulement il faut faire des dépenses considérables pour préparer les récoltes, mais encore où
tout est incertain ; car si les noirs ne travaillent pas en temps
opportun, les cannes, qui ne peuvent attendre qu'un temps très-
limité, perdent de leur propriété et souvent périssent sur pied.

Je suis entré, sans doute, dans des détails bien longs ; mais
je tenais à faire ressortir les avantages de la Trinité, et à marquer
par là jusque où peut aller le parallèle qu'on serait peut-être
porté à faire entre ce que j'ai dit dans mes premiers rapports et
ce que j'écris aujourd'hui.

A la Trinité, les effets de l'émancipation sont à peine sentis.
Ils échapperaient facilement aux investigations de l'étranger, si
des hommes intéressés ne soulevaient le voile qui cache le mal.

Dans les autres colonies, au contraire, les résultats frappent
au premier moment. Dans l'impartialité que je me suis attaché
à porter dans mes rapports, j'ai dû signaler ces résultats comme
tout-à-fait défavorables à la production, et, conséquemment,
comme peu propres à nous encourager au régime de la liberté.
Sur cela, j'ai dit la vérité, je l'ai dite à regret, car il existe pour
la France, au fond de la question que j'étais appelé à examiner,
un grand intérêt de justice et d'humanité à satisfaire, une belle
mesure à accomplir. Je me suis prononcé dans plus d'un lieu
en faveur de cette mesure, et j'aurais été heureux de contribuer

à en avancer le moment, si des convictions profondes ne m'avaient révélé les désastres qui devaient en découler, et ne me faisaient pencher pour un sursis qui permette de mieux voir comment nos voisins d'outre-mer se tireront de l'expérience qu'ils ont entreprise (1).

M. le capitaine de vaisseau Layrle prend soin de nous rassurer sur les conséquences de ce sursis ; elles n'ont rien qui doive effrayer les véritables amis des noirs ; car ils jouissent actuellement d'un bonheur réel dans nos colonies françaises, comme à la Trinité ; et l'on peut leur appliquer ce que son évêque catholique, M. M'Donnell, disait à M. Layrle :

« Il y a onze ans, je quittai l'Angleterre sous l'impression que les noirs étaient très-malheureux ; je partageais avec beaucoup de gens l'opinion erronée que les planteurs étaient des hommes durs et cruels, qui faisaient mourir leurs colons sous le fouet et par toutes sortes de mauvais traitemens ; mais il ne m'a pas fallu un long séjour dans les colonies pour être désabusé. Peu de mois après mon arrivée, j'écrivais à mes amis de Londres, et je leur mandais que les noirs étaient plus heureux que la plupart de nos laboureurs en Angleterre ; que je n'avais qu'un désir, c'était d'apprendre que mes anciens paroissiens (2) étaient aussi bien nourris, aussi bien vêtus et logés que l'étaient autour de moi les hommes qui excitent à un si haut degré la pitié de l'Europe philantropique. »

Les faits survenus depuis ne se sont pas toujours trouvés d'accord avec les prédictions de M. Layrle, peut-être un peu trop favorables, sur l'avenir de la Trinité (3).

Le 9 janvier 1842, *M. Layrle* a adressé un nouveau rapport

(1) *Précis*, 4e volume, pages 288, 289 290 et 291.

(2) M. M'Donnell desservait, avant de quitter l'Angleterre, une chapelle dans le voisinage de Londres.

3) Voir le *Précis*, 3e volume, pages 267 et 268.

Enquête du 22 mars 1841, sous la présidence de M. Burnley.

Discours de lord Stanley dans la chambre des communes du 22 mars 1842.

à M. le ministre de la marine et des colonies sur l'état de la *Ja-maïque :*

Il est terminé par le résumé suivant :

« Voilà, monsieur le ministre, l'état où se trouve la *Jamaïque* après dix-huit mois d'absence. S'il y a amélioration dans le travail, cette amélioration est peu sensible.

» Si les populations des campagnes sont paisibles, quoique peu avancées, les villes recèlent dans leur sein le vol et le vagabondage. La tendance des noirs à s'isoler, la facilité qu'ils ont à acheter à vil prix le terrain nécessaire, portent, chaque jour, un coup mortel à la grande culture.

» A la Jamaïque, le noir des campagnes n'est pas, comme dans certaines colonies, à la hauteur des besoins de la civilisation ; il vit de ce qu'il a, et il est heureux. Les produits ont été en diminuant depuis la liberté ; s'ils diminuaient encore, la Jamaïque cesserait d'exister comme colonie productive ; les sectes dissidentes ne sont plus hostiles à personne. Il est de leur intérêt de coopérer à la reconstitution du travail ; elles le savent ; mais réussiront-elles ?

» Les immigrations se présentent sous des couleurs peu favorables ; c'est un grand désappointement pour la colonie.

» Cependant les planteurs espèrent encore ; leurs espérances sont-elles réelles ou simulées ? En témoignant de la confiance dans l'avenir, ils trouvent les capitaux nécessaires à leurs exploitations ; s'ils lâchaient le cri d'alarme, toutes les bourses seraient immédiatement fermées. Le gouvernement local inspire de la confiance ; c'est à sa sagesse et à sa fermeté que la société doit la tranquillité dont elle jouit. Le gouverneur, sir Charles Metcalfe, est aimé de tout le monde, à présent qu'il a soumis tous les partis. Mais son administration, tout habile qu'elle est, mais ses actes, tous concilians qu'ils sont, ne préserveront pas la Jamaïque du mal qui la dévore, et dont la source, il ne faut pas se le dissimuler, est *dans la réforme coloniale.*

» Il ne m'est pas permis de douter de l'analogie qui existe entre la Jamaïque et nos possessions occidentales. Ce sont les mêmes terres, c'est le même ciel, c'est la même fertilité. Le jour où le travail volontaire serait proclamé chez nous, ce serait la même facilité d'isolement, ce serait le même préjudice apporté à nos grandes cultures. Et ce qui se passe à la Jamaïque est le meilleur enseignement que puisse avoir la France dans ses préoccupations généreuses pour les populations des colonies. »

M. DUVAL D'AILLY,

CONTRE-AMIRAL, GOUVERNEUR DE LA MARTINIQUE.

M. le contre-amiral Duval d'Ailly, président du Conseil spécial de la Martinique, a proposé, avant d'entrer dans les détails, d'émettre une opinion sur une question qui, suivant lui, domine toutes les autres : « *la possibilité ou l'impossibilité de garantir le travail de la terre dans les colonies, après le passage des esclaves à l'état de liberté.* »

Le Conseil manifeste son opinion unanime sur cette question préalable.

« Il est loin de défendre l'esclavage; faire cesser les abus de cette institution est une pensée généreuse à laquelle on ne peut que se ranger. Mais il faut se garder, en accomplissant cette œuvre, de détruire une société tranquille dans laquelle l'existence de tous est assurée, pour s'aventurer dans un état de choses inexploré et inconnu, où la ruine et la misère de tous pourraient succéder au bien-être matériel existant.

» Appelé par la confiance du gouvernement du roi à donner son avis sur une des questions les plus importantes qui puissent se présenter à l'examen d'hommes publics, *le Conseil croit de son devoir et de sa conscience de ne pas laisser la plus légère illusion à des théories dont l'apparence humanitaire et flatteuse peut cacher de désolantes déceptions.*

» Ne pourrait-on pas détruire ce que l'esclavage renferme d'abus, en le laissant subsister en ce qu'il renferme de nécessaire à la conservation de la prospérité coloniale, jusqu'à ce qu'il s'éteigne lui-même, ce qui arriverait indubitablement dans

un temps peu éloigné par l'adoucissement des mœurs et les af-
franchissemens?

» Le *temps*, on ne saurait trop le répéter, en permettant de
préparer les noirs à une position sociale que maintenant ils ne
peuvent apprécier, qu'ils dénaturent étrangement, le temps seul
semble pouvoir amener naturellement, sans secousse, l'abolition
de l'esclavage. Et pour résumer, le Conseil déclare : *que, dans sa*
conviction la plus entière, et quel que soit le mode d'exécution
que l'on adopte, il lui paraît impossible que le gouvernement
puisse garantir le travail libre, après l'émancipation des noirs,
au moyen de mesures législatives ou administratives compatibles
avec les mœurs et les opinions de l'époque. » (1).

M. l'*ordonnateur* se demande si l'émancipation est urgente.

« Pour que l'émancipation fût urgente, il faudrait que l'esprit
d'ordre, de travail, de famille et de liberté eût pénétré dans la
masse des esclaves, ce qui ne peut exister qu'à la suite d'une
instruction préparatoire dont ils n'ont pas encore reçu le bienfait, et qu'on a pas encore eu le temps de leur donner, parce
que l'éducation des races ne marche pas comme l'éducation in-
dividuelle, dont les progrès sont journaliers. Pour que l'émancipation fût urgente, il faudrait que l'agitation des noirs fût
sensible et flagrante, que la société coloniale fût menacée dans
ses fondemens, ce qui n'existe pas. Il faudrait que l'autorité,
justement alarmée, cherchât désormais dans la force les moyens
d'action; mais les ateliers sont tranquilles et la moralisation
des noirs est peu avancée. Les colons n'ont d'autres craintes
que celle de l'avenir, et l'autorité garde son attitude ordinaire,
parce qu'il n'y a pas lieu de la changer.

La tranquillité des colonies, a-t-on dit, est menacée; la révolte
des esclaves est imminente, hâtez-vous!

On ne sait, ici, sur quoi se fondent de telles assertions en ce

---

(1) Délibérations et Avis du Conseil colonial de la Martinique, pages 4, 5
et 7.

qui concerne les autres colonies. Le présent, à la Martinique, n'offre rien de semblable; on ne serait pas plus fondé à invoquer les troubles passés.

Les affaires de 1823 et de 1831, l'affaire de la Grande-Anse, ne présentaient nullement le caractère d'une insurrection, d'un mouvement général ou partiel suscité par les noirs, et ayant pour but spécial et déterminé la cessation de l'esclavage.

Les seules manifestations dont il soit permis de se préoccuper résident, aux Antilles, dans les séductions que peut offrir le régime nouveau des colonies anglaises voisines, et surtout dans l'attrait des profits que retirent de cet état de choses les entrepreneurs d'évasions. C'est là un mal réel, on ne peut le nier : il tend à l'affaiblissement graduel des ateliers, il ajoute sans cesse à l'anxiété des colons; mais, il faut le dire également, une surveillance active, prudente et énergique, atténue les effets de ce mal, sans que les ateliers en soient aucunement troublés.

Au point de vue général, la tranquillité des colonies ne peut donc justifier aucunes sérieuses préoccupations (1).

Ne précipitons rien et demandons au temps son concours indispensable.

Tout peut être sauvé si l'émancipation des esclaves est une œuvre de raison; tout est compromis si c'est une œuvre d'entraînement, et, d'avance, les colonies peuvent couvrir leur tête d'un voile de deuil.

Et pourquoi se hâter, au risque de tout compromettre? L'état moral des noirs n'a rien qui décèle l'urgence, leur état matériel encore moins; la raison, l'humanité, la raison d'État, la raison industrielle et commerciales réclament au contraire l'attermoiement.

M. le contre amiral *Ducal d'Ailly* déclare qu'il partage entièrement les vues de M. l'ordonnateur; à ses yeux l'esclavage, tel qu'il est actuellement régi dans les colonies françaises, est beau-

---

(1) Délibérations et Avis du Conseil spécial de la Martinique, page 207.

coup plus doux que l'apprentissage anglais, et il voudrait *qu'il fût maintenu pendant un temps le plus long possible* (1).

Après ces discussions préliminaires, M. le contre-amiral Duval d'Ailly met successivement aux voix les trois systèmes d'émancipation de la Commission *de Broglie,* qui sont rejetés à l'*unanimité.*

M. BAZOCHE,

CAPITAINE DE VAISSEAU, GOUVERNEUR DE BOURBON.

Lorsque j'ai publié mon analyse des Délibérations et Avis des Conseils coloniaux et spéciaux, les Délibérations et Avis du Conseil spécial de Bourbon n'étaient point encore parvenus au ministère de la marine et des colonies ; c'est aujourd'hui seulement que je puis en donner l'analyse.

M. le procureur-général Barbaroux a pris la part principale à la discussion. C'est lui qui a été chargé par ses collégues de préparer un projet de loi.

Voici quelques unes de ses observations préliminaires :

« Je déclare que les noirs de nos colonies ne sont point en état d'être appelés à la civilisation que l'émancipation leur suppose. La liberté que j'entends, celle qu'entendait *Wilberforce,* lorsqu'il réclamait cette réforme sociale, est celle dont les noirs ne sont pas encore susceptibles. *La vraie liberté,* disait-il, *est fille de la raison et de l'ordre; c'est une plante céleste, et le sol doit être préparé à la recevoir.*

» Il y avait cependant quarante ans que la transition de l'esclavage à la liberté était préparée par les Anglais, et vingt-cinq ans que l'abolition de la traite avait été proclamée, quand le bill d'émancipation fut rendu ; et quels résultats ont été obtenus !

» Il n'y a pas dix ans qu'on projette en France l'abolition de

---

l'esclavage, et les principes de liberté, les idées civilisatrices n'ont point été suffisamment répandues parmi nos esclaves. Ils ne sont donc pas préparés à l'émancipation (1).

» Emanciper des populations ignorantes qui ne sentent pas le besoin le plus vulgaire, celui des vêtemens et du logement, auxquelles la nourriture la plus frugale suffit; qui peuvent se la procurer dans les bois, dans les rivières sans aucun travail ; les émanciper pour les voir errer dans les rues de nos villes, se grouper comme des bandes de Bohémiens sur des terrains vagues, tomber en proie à d'horribles maladies qui les déciment rapidement ; pour les exposer d'un instant à l'autre à d'irrésistibles tentations et aux représailles sanglantes de la force publique, c'est leur rendre un déplorable service et précipiter leur anéantissement.

» C'est cependant ce qui adviendrait infailliblement le jour où ces populations n'auraient plus d'autre guide que leur libre arbitre, car chose à peu près semblable est arrivée dans les colonies anglaises, où la traite avait cessé depuis trente ans; où, depuis trente ans, les prédications évangéliques n'avaient certes pas manqué à la population que l'on voulait initier à l'usage de la liberté.

» L'*oisiveté, seule liberté que reconnaisse le noir*, a partout frappé le travail d'engourdissement, parce que partout, dans les régions intertropicales, la nature a fait taire la raison et dit à l'homme que le travail est à peu près inutile pour vivre.

» Comment n'en serait-il pas de même chez nous, où la traite n'a cessé que depuis onze ans, où aucune secte religieuses n'a répandu la morale chrétienne, où les premières idées des arts ont à peine effleuré l'intelligence d'une faible partie de la population esclave ! »

Ces raisons décident M. le procureur-général à rejeter l'émancipation simultanée et immédiate, et à se prononcer pour l'affranchissement des enfans.

---

(1) Délibérations et Avis du Conseil spécial de la Martinique, page 53

M. l'ordonnateur : « Je me suis occupé depuis long-temps de la possibilité d'obtenir l'abolition de l'esclavage ; mais depuis que les résultats de l'expérience anglaise sont connus, depuis que j'ai vu ce qui s'est passé et ce qui se passe encore à Maurice, que j'ai lu les comptes-rendus de la position des Antilles anglaises, je regarde les trois projets formulés par la Commission des affaires coloniales comme ne pouvant avoir que des résultats fâcheux, et je crois devoir déclarer que je les considère tous comme inexécutables dans leur ensemble (1). »

M. le procureur-général : « Je pense que, dans l'examen de ces questions délicates, nous devons nous placer à un point de vue élevé mais spécial, et consulter les termes de la dépêche du 18 juillet 1840.

» Nous sommes entraînés par des circonstances irrésistibles ; comme le ministère est débordé par le mouvement philantropique, si puissant aujourd'hui en France.

» Ainsi, l'on doit arriver ici d'abord à un résultat. Il ne suffit donc pas, en examinant les projets proposés, de dire qu'ils sont mauvais et inexécutables ; il faut les approfondir et s'arrêter au moins défavorable. Je me suis prononcé pour le premier système (l'affranchissement des enfans à naître), parce qu'il me paraît le meilleur en ce qu'il nous ferait arriver le plus vite et le plus naturellement au but désiré. Sans doute, il peut être taxé d'*immoralité,* en ce qu'il sépare les enfans de leurs mères ; mais les moyens d'exécution peuvent porter remède à ce mal ; de plus, entre tous ces projets, *qui présentent tous tant d'inconvéniens et de dangers, nous sommes dans la nécessité de nous attacher* au moins *dommageable,* et dans celui-ci le cachet d'immoralité disparaît en présence des avantages qui sont à côté. » (2).

---

(1) Procès-verbaux du Conseil spécial de Bourbon, pages 17 et 36.

(2) *Ibidem,* pages 18 et 19.

Si tandis que l'enfant est traité comme un homme libre, la mère restait dans l'esclavage ; si, par une *interversion monstrueuse,* l'une était placée dans l'échelle sociale plus bas que l'autre, on créerait un *état contre nature,* dont

M. l'inspecteur colonial croit, comme l'ordonnateur et le procureur-général, que le Conseil spécial peut s'en tenir à l'examen du projet le moins préjudiciable à la colonie où il se trouve ; le premier système, celui que propose d'adopter le procureur-général, lui paraît devoir fixer le choix du Conseil. puisque c'est lui qui offre le moins d'inconvéniens et de dangers, quel que soit d'ailleurs le vernis d'immoralité qui pourrait peut-être s'y attacher (1).

M. le directeur de l'intérieur :

« Nos convictions ne sont-elles pas que l'abolition prématurée de l'esclavage peut être la ruine des colonies? Cependant nous nous occupons de proposer un projet d'émancipation immédiate. Je n'affirme rien qui ne soit le cri de ma conscience, et puissé-je me tromper! Mais quels que fussent les hommes en présence desquels je serai appelé à formuler mon opinion, je le dirais encore : *tous les projets présentés, même celui que nous rédigeons, renverseront l'ordre social établi, sans offrir de compensations suffisantes, parce que la condition des noirs n'y gagnera aucune amélioration matérielle ni morale.* Mais ce n'est pas comme homme que nous sommes appelés à examiner aujourd'hui la question, c'est comme administrateurs ; eh bien ! puisque cette mesure est exigée, nous devons proposer les dispositions les plus convenables pour l'effectuer de la manière la moins désastreuse possible. »

M. l'ordonnateur : « Nous avons établi, dès le principe, que *l'abolition de l'esclavage était une mesure qui menaçait l'existence des colonies ;* cependant nous avons été mis en demeure de formuler un projet d'émancipation, et nous avons consciencieusement élaboré la matière avant d'adopter un système. Ce système adopté, M. le procureur-général l'a formulé en projet

----

il ne pourrait rien ressortir ni d'utile, ni de bon. (*Rapport* de M. de Tocqueville à la Chambre des Députés, pages 18 et 19.)

(1) Procès-verbaux du Conseil spécial de Bourbon, page 37.

de loi et d'ordonnance ; *nous avons donc obéi aux injonctions de la métropole.* »

M. *le gouverneur* voudrait qu'on donnât aux colons une indemnité plus forte que la valeur des esclaves; la première conséquence de l'émancipation devant être d'enlever les bras à l'agriculture, ou du moins de faire baisser considérablement le prix de la main-d'œuvre.

Enfin, **M.** *le directeur* de l'intérieur répète, au nom du Conseil, la protestation qu'il avait déjà fait entendre.

Nous avons *tous*, dès le principe , reconnu et déclaré que *l'émancipation serait la ruine des colons*; c'est notre conviction, et nous l'avons hautement fait connaître; mais obligés, comme administrateurs, comme membres du Conseil spécial, d'obéir aux ordres qui nous étaient transmis, en indiquant le système qui nous paraissait préférable pour arriver à l'exécution de *cette mesure désastreuse,* nous l'avons fait en montrant néanmoins le danger d'entrer dans cette voie.

RÉSUMÉ.

M. le ministre de la marine et des colonies a demandé des rapports à des administrateurs et à des officiers de marine : MM. Guillet, Halley, de Montbrison, Layrle ; des avis aux Conseils coloniaux et aux Conseils spéciaux ; un projet de loi à la Commission des affaires coloniales.

Tous les rapports des administrateurs et des officiers de marine, tous les avis des Conseils coloniaux sont contraires à l'émancipation.

Les Conseils spéciaux ayant reçu l'ordre de donner leur avis, non sur le principe, mais sur le mode d'émancipation qui leur paraîtrait préférable, ont fait connaître, pour obéir aux injonctions de la métropole, le mode qui leur paraissait le moins désastreux.

Les Conseils spéciaux de la Martinique et de Bourbon ont protesté contre l'émancipation même, qui ne pouvait, suivant eux, produire que des résultats funestes.

Le Conseil spécial de la Martinique a rejeté les trois projets préparés par la Commission des affaires coloniales, et, pour se conformer aux volontés du gouvernement de la métropole, en a substitué un nouveau.

M. le gouverneur Jubelin a, comme nous l'avons déjà vu, résumé ainsi l'avis du *Conseil spécial de la Guadeloupe* : « Les trois systèmes qui ont fixé principalement l'attention de la Commission, présidée par M. le duc de Broglie, ont été examinés par le Conseil spécial ; trois autres modes d'émancipation ont pris naissance dans le Conseil, et, en définitive, les opinions qui viennent d'être exprimées montrent que chacun de ses membres incline pour un mode différent. »

Le Conseil spécial de la Guyanne française a donné la préférence au deuxième système : l'émancipation simultanée et immédiate par le rachat des noirs pour le compte de l'état.

Le Conseil spécial de Bourbon a donné la préférence au premier système : l'émancipation partielle et progressive par le pécule légal, le rachat forcé, et l'affranchissement des enfans à naître.

Dans le sein de la *Commission des affaires coloniales* :

9 voix se sont prononcées pour l'émancipation générale et simultanée ; 5 voix contre ;

5 voix pour l'émancipation partielle et progressive ; 9 voix contre.

La Commission des affaires coloniales a décidé que *deux* projets de loi seraient soumis au gouvernement, avec indication des motifs qui avaient déterminé la Commission à recommander de préférence la première des deux combinaisons (1).

Cette alternative proposée au gouvernement prouve que la majorité de la Commission n'a pas une foi bien robuste dans *sa combinaison.*

L'un des membres de cette majorité, l'honorable *M. Bignon*, a motivé ainsi son vote :

« Toute compensation faite des inconvéniens inhérens aux deux projets de loi, et *forcé que je suis d'opter entre eux*, je donne ma voix au système de l'émancipation simultanée (2).

Un autre membre, l'honorable *M. Galos,* directeur des colonies, ne peut cacher qu'il éprouve, quant à l'option à faire entre les deux projets, une perplexité que justifiera, sans doute, aux yeux de ses collègues sa participation tardive à leurs travaux; il se croit autorisé par cette considération à une plus grande réserve que les autres membres de la Commission : et se prononce pour *le système simultané,* mais, sous réverve de l'accomplissement de deux conditions essentielles auxquelles

---

(1) Procès-verbaux, page 390.

(2) *Ibidem,* page 387.

n'a pas satisfait l'expérience anglaise, *la concurrence des tra-vailleurs et le maintien des grandes cultures* » (1).

La minorité a-t-elle plus de confiance dans ses *combinaisons?*

Nous avons entendu *MM. Bignon* et *Galos* membres de la majorité; écoutons l'honorable *M. Wustemberg*, membre de la minorité.

M. Wustemberg ne peut se dissimuler la perplexité qu'il éprouve pour opter d'une manière formelle entre deux plans *dont aucun ne le satisfait et ne le rassure entièrement, car il trouve à l'un et à l'autre de graves inconvéniens et des difficultés considérables.* Il ne saurait mieux caractériser sa disposition d'esprit à l'égard des deux projets de loi, qu'en disant que s'il avait à les adopter ou à les rejeter par la voie du scrutin, il les repousserait probablement tous les deux à la fois. Mais, en ce moment, ce n'est pas comme législateur qu'il faut se décider; c'est un avis consultatif que le gouvernement demande et que les membres de la Commission se sont engagés à lui donner; il est donc nécessaire de prendre parti, et de se prononcer pour le principe de l'un ou de l'autre système. Il se prononce, non sans beaucoup d'appréhensions, pour l'émancipation *partielle et progressive* (2).

M. le marquis *d'Audiffret* se prononce également pour ce système, parce que les intérêts des colonies et leurs rapports avec la mère-patrie sont *moins* compromis dans le système progressif que par le mode d'affranchissement général (3).

M. le vice-amiral *de Mackau* déclare que, quel que soit le mode d'émancipation adopté par la Commission, ce serait tromper les colonies et se tromper soi-même que de dire que de pareils changemens puissent se faire sans des maux momentanés.

---

(1) Procès-verbaux, page 386.

Les Conseils coloniaux n'ont pas dit autre chose; ils ont tous déclaré qu'ils accueilleraient l'émancipation comme un bienfait, s'ils pouvaient croire au maintien de **leurs** cultures, à la possibilité du travail libre.

(2) *Ibidem*, 2e partie, pages 381, 383.

(3) *Ibidem*, page 373.

Il exprime le vœu que leurs souffrances soient courtes, et qu'elles puissent du moins opter pour le meilleur système, pour *celui qui les fera le moins souffrir* (1).

M. Jubelin déclare, comme *M. Wustemberg*, comme *M. de Mackau*, que ni l'un ni l'autre des deux projets de loi n'a son adhésion complète; et avoue que si la Commission avait en ce moment à émettre un vote législatif, *il croirait ne pouvoir donner sa voix ni à l'un ni à l'autre* (2).

Le gouvernement a demandé des conseils sur l'émancipation; tous les hommes pratiques lui ont répondu que le moment n'était pas venu de décréter l'émancipation dans les colonies françaises.

Il a demandé des projets de loi;

On a rédigé des projets de loi.

Mais les auteurs ont déclaré qu'ils les rédigeaient par obéissance.

Appelés à opter entre des projets divers, ils ont avoué qu'ils n'accordaient aux uns ou aux autres qu'une préférence relative; et finalement ils ont conseillé au gouvernement de n'adopter ni les uns ni les autres.

C'est un conseil que le gouvernement suivra, si, comme je le crois, il a à cœur de conserver nos colonies.

M. de Tocqueville disait, dans son rapport à la Chambre, qu'il y avait *danger* à attendre; que le gouvernement ne pouvait résister à la *pression* de l'opinion publique.

Cinq années se sont écoulées, et les dangers prédits par M. de Tocqueville ne se sont réalisés dans aucune de nos colonies.

M. le vice-amiral de Mackau, qui, pendant plusieurs années, a gouverné la Martinique, affirme que ces craintes sont exagérées; qu'on peut renvoyer l'émancipation à une époque reculée; que les noirs, maintenus en obéissance, sont doux, faciles à conduire; qu'il n'est point à craindre qu'ils se laissent aller à la ré-

---

(1) Procès-verbaux, première partie, page 100.

(2) *Ibidem*, page 389.

volte; alors surtout qu'ils verront le gouvernement de la France prendre des mesures efficaces pour améliorer leur condi-tion (1).

Quant à la *pression* de l'opinion publique en France......
M. le duc de Broglie, lui-même, se charge de rassurer M. de Tocqueville.

« Dans la Grande-Bretagne, dit M. le duc de Broglie, la puis-sance des principes abolitionistes est telle, qu'il y a difficulté à leur tenir tête, même lorsqu'ils vont trop vite ou trop loin (2).

« L'état des esprits, en France, est, sur ce sujet, tout autre qu'il n'est en Angleterre » (3).

Cet avis de M. de Broglie est précieux à enregistrer.

Déjà, je l'avais dit : personne en France ne se préoccupe d'é-mancipation, les trente-cinq membres de la Société présidée par M. le duc de Broglie exceptés.

Je suis heureux de pouvoir citer à l'appui de mes paroles l'autorité du maître : *Ipse dixit.*

Si l'opinion publique laisse le gouvernement et les Chambres parfaitement libres de faire ou de ne pas faire....,

L'humanité, le désir d'améliorer la condition des noirs, leur imposent-ils l'émancipation?

C'est *M. le duc de Broglie* qui se charge encore de répondre :

« Les colons ménagent la population noire, on prend soin des femmes enceintes et des enfans en bas âge ; aussi cette popula-tion, qui naguère encore décroissait de 3 pour 100 environ cha-que année, se maintient-elle, et est même en voie d'augmenter. Au dire des magistrats chargés par l'ordonnance du 5 janvier 1840 de visiter périodiquement les habitations, en général et sauf un très petit nombre d'exceptions , le régime des ateliers est satis-faisant. La nourriture des noirs est saine et suffisante ; ils sont logés et vêtus conformément aux exigences du climat; ils sont

---

(1) Procès-verbaux, 3ᵉ partie, page 186.
(2) *Rapport,* page 161.
(3) *Ibidem,* page 164.

— 53 —

convenablement soignés dans leurs maladies; nulle part on n'exige d'eux un travail excessif; les châtimens corporels sont modérés et vont plutôt diminuant (1).

Par suite de la cessation complète de la traite, il n'y a plus de nègres récemment venus d'Afrique.... L'impossibilité de renouveler les ateliers, ainsi que les idées de l'époque, auxquelles les colons ne sont pas restés étrangers, ont singulièrement amélioré leur régime. Les esclaves attachés aux habitations n'étant plus renouvelés que par les naissances, les maîtres, toujours entourés des mêmes individus, s'y sont attachés davantage. Il règne, aujourd'hui, entre les esclaves et les maîtres qui conduisent eux-mêmes leurs biens, un lien qui tient en quelque sorte de la famille et du patronage; d'un côté, soumission, attachement; de l'autre, protection, bienveillance, soins attentifs!....

L'enfant qui naît appartient au maître de la mère; il n'est point abandonné sans soins; si ceux de son père et de sa mère lui manquent, ceux de son maître ne lui manquent jamais.... Les négrillons sont parfaitement soignés, la sollicitude du maître, surtout celle des dames de sa famille, ne sommeille presque jamais, et il est à remarquer qu'il meurt, proportion gardée, plus d'enfans de couleur libres que d'enfans esclaves (2).

On voit que la condition des noirs est assurément très tolérable.

L'émancipation la rendrait-elle meilleure?

Écoutez un témoin non suspect, le président de la Commission des affaires coloniales, le président de la Société française pour l'abolition de l'esclavage, écoutez M. le duc de Broglie !

« En fait, tel est l'état *déplorable* où la servitude a réduit jusqu'ici les noirs de nos colonies (3), qu'en leur donnant dès au-

---

(1) *Rapport*, page 131.

(2) Observations de l'administration de la Guadeloupe, citées dans le *Rapport.— Ibidem.*

(3) Telle est la force de l'habitude, que M. le duc de Broglie oublie bientôt le tableau tracé de ses propres mains, et qui représente les noirs dans la condition la plus heureuse.

jourd'hui la liberté complète, leur condition dans les premiers temps en serait certainement très empirée.

» La liberté complète des esclaves implique, en effet, la liberté complète des maîtres, c'est-à-dire l'absence de toute obligation de part et d'autre ; c'est-à-dire encore la nécessité pour les esclaves de se suffire à eux-mêmes. Qu'on voie dès lors ce qui ne peut manquer d'arriver dans les premiers temps.

» Les négresses, en général, sont abandonnées par les hommes qui les ont rendues mères ; cela est inévitable sous un régime de promiscuité, de concubinage universel. Une négresse prête d'accoucher n'est qu'un fardeau, personne ne s'en chargera. Sans assistance dans les derniers mois de leur grossesse, sans asile au moment de leurs couches , sans secours dans le mois qui suit, beaucoup d'entre elles succomberont ; celles qui ne succomberont pas, contracteront des infirmités incurables et qui les mettront hors d'état de gagner leur vie à l'avenir.

» Les enfans sont toujours abandonnés par les pères ; ils le sont quelquefois par les mères ; plus grand sera le dénuement des mères, plus fréquent sera l'abandon ; combien en survivra-t-il ?

» La plupart des noirs passent leurs journées au travail et leurs nuits dans la débauche ; leurs journées au travail, parce qu'ils ne peuvent faire autrement ; leurs nuits dans les débauches, parce qu'ils sont insoucians et corrompus.

» Quand ils auront la libre disposition de leurs jours, qu'en feront-ils ? Beaucoup en feront ce qu'ils font de leurs nuits ; ils déserteront en masse leurs ateliers ; ils jetteront là houe et pioche, comme des symboles de servitude ; ils encombreront les villes et les ports ; *cela est arrivé partout* ; ils dissiperont rapidement le peu qui leur sera resté du produit des petits jardins qu'ils n'auront plus, des petits champs qui leur auront été retirés ; puis les meilleurs chercheront à gagner péniblement leur vie en se livrant à la pêche, en rendant çà et là quelques services domestiques ; le plus grand nombre aura recours à la mendicité, à la déprédation ; il faudra les punir, les envoyer aux travaux publics, à l'atelier de discipline, c'est-à-dire *les remettre en esclavage sous des conditions plus rigoureuses.*

» Ne recevant guère l'enseignement religieux, d'ailleurs, ne suivant guère la pratique du culte, que comme forcés et contraints, quand ils ne seront plus ni contraints ni forcés, plus de culte, plus d'enseignement; le peu qu'ils ont appris, ils l'oublieront promptement; ils tomberont dans un abrutissement complet.

» Cela est inévitable pendant un temps plus ou moins long, pendant un temps d'autant plus long, que les esclaves sont plus mal préparés à la liberté, et les nôtres, comme on l'a vu, le sont très mal; les hommes ne se réforment pas d'un coup de baguette; les caractères, les mœurs, les penchans, les habitudes ne se réforment qu'à grand'peine; la liberté ne fait point de miracles; c'est un précepteur rude, inexorable, qui corrige par le besoin et par la misère, par la souffrance et par la mort! » (1).

Quand on a si bien décrit la condition actuelle, la condition heureuse des noirs; quand on reconnaît que cette condition sera *très empirée par l'emancipation*; que l'émancipation amènera l'abandon des mères pendant la grossesse et les couches, les maladies, les infirmités, la mort; l'abandon et la mort des enfans; qu'elle augmentera les penchans des noirs à l'oisiveté et à la débauche; qu'elle les fera tomber dans un abrutissement complet; qu'elle les réduira à la mendicité et au vol ;

Qu'elle les enverra aux travaux publics.....

Comment se peut-il qu'on pousse le gouvernement à l'émancipation?

Qu'on ne recule, pour le réaliser, devant aucun sacrifice ?

Qu'on demande au trésor, si obéré, plusieurs centaines de millions ?

Qu'on se résigne à l'abandon des grandes cultures coloniales et à ses conséquences, funestes pour les colons, funestes pour

---

(1) *Rapport*, pages 151 et 152.

notre commerce d'exportation, funestes pour notre marine et notre puissance navale ?

Vos devanciers ont dit : périssent les colonies plutôt qu'un principe !

Vous renchérissez sur vos devanciers, et vous dites : périssent les colonies et *les noirs* plutôt qu'un principe !